BEI GRIN MACHT SICH IHR WISSEN BEZAHLT

Christina Bartels

Gesundheitsbewusste Persönlichkeitsentwicklung = Chance zur erfolgreichen Gesundheitsprävention?

GRIN Verlag

Bibliografische Information der Deutschen Nationalbibliothek:

Die Deutsche Bibliothek verzeichnet diese Publikation in der Deutschen National-
bibliografie; detaillierte bibliografische Daten sind im Internet über http://dnb.d-
nb.de/ abrufbar.

Impressum:

Copyright © 2012 GRIN Verlag GmbH
Druck und Bindung: Books on Demand GmbH, Norderstedt Germany
ISBN: 978-3-656-30441-8

Dieses Buch bei GRIN:

http://www.grin.com/de/e-book/203985/gesundheitsbewusste-persoenlichkeitsent-
wicklung-chance-zur-erfolgreichen

GRIN - Your knowledge has value

Der GRIN Verlag publiziert seit 1998 wissenschaftliche Arbeiten von Studenten, Hochschullehrern und anderen Akademikern als eBook und gedrucktes Buch. Die Verlagswebsite www.grin.com ist die ideale Plattform zur Veröffentlichung von Hausarbeiten, Abschlussarbeiten, wissenschaftlichen Aufsätzen, Dissertationen und Fachbüchern.

Besuchen Sie uns im Internet:

http://www.grin.com/

http://www.facebook.com/grincom

http://www.twitter.com/grin_com

Gesundheitsbewusste Persönlichkeitsentwicklung

=

Chance zur erfolgreichen Gesundheitsprävention?

Christina Bartels

Januar 2012

Inhaltsverzeichnis

1. Einführungsgedanken

Unter den heutigen Umweltbelastungen und vielfältigen Stress auslösenden Faktoren ist der Wert der Gesundheit für den Einzelnen erheblich gestiegen. In der Todesursachenstatistik der westlichen Industrienationen stehen kardiovaskuläre Erkrankungen an erster und bösartige Tumorerkrankungen an zweiter Stelle (vgl.[1]). Herzinfarkt, Schlaganfall und Krebs sind somit Krankheiten, welche in fast jeder Familie Ursache für Gesundheitssorgen und auch Todesangst sind.

Das deutsche Gesundheitswesen ist in den letzten Jahrzehnten ein eigenständiger und lukrativer Wirtschaftszweig geworden. Nach Kondratieff (vgl.[2]) ist der Gesundheitssektor die Branche der Zukunft. Hauptaufgabe für diese Zukunftsbranche ist die Verwaltung der begrenzten finanziellen staatlichen Ressourcen im GKV-System sowie die Suche nach erfolgreichen Präventions- und Gesundheitsförderungskonzepten, um die Gesundheit der Bürger nachhaltig zu verbessern.

Abraham Maslow, ein einflussreicher Psychologe des 20. Jahrhunderts, hat in Untersuchungen das Wesen gesunder Menscher erforscht. Personen, die dieser Kategorie entsprachen, wiesen gemeinsame Merkmale auf: Sie besitzen eine bessere Wahrnehmung der Realität; sie können sich selbst, andere und die Natur akzeptieren; sie besitzen Natürlichkeit, Spontanität und Einfachheit; sie sind problemorientiert; sie haben ein Bedürfnis nach Privatheit; sie sind autonom, aktiv und wachstumsorientiert; sie besitzen eine unverbrauchte Wertschätzung; sie wurden von mystischen Erfahrungen geprägt; sie besitzen Gemeinschaftsgefühl; sie können die Ich-Grenze überschreiten; sie haben eine demokratische Charakterstruktur; sie besitzen

---

[1] Hurrelmann, Klotz, Haisch: Prävention und Gesundheitsförderung S.101 und S.112
[2] Nefiodow: Der sechste Kontratieff S.225

starke ethische Veranlagungen; ihr Humor ist philosophisch, nicht feindselig; gesunde Menschen sind ohne Ausnahme kreativ. (ebd.)

Beim Lesen dieser Beschreibung steht vor dem geistigen Auge der Gedanke: Das ist eine gesunde und starke Persönlichkeit! Wie entwickelt sich nun der Mensch zur Persönlichkeit? Kann man auf die Persönlichkeitsentwicklung Einfluss nehmen? Wenn ja, ist dann die „Ausbildung" gesundheitsbewusster Persönlichkeiten eine Chance zur Gesundheitsvorsorge? Welchen Einfluss hat der Persönlichkeitstyp auf die Gesundheit? Viele Fragen, die komplexe Themen aufwerfen und in der vorliegenden Arbeit nur ansatzweise beleuchtet werden können.

2. Persönlichkeit, Persönlichkeitsentwicklung, Persönlichkeitstypen

Mit dem Begriff Persönlichkeit, einem wichtigen Grundbegriff der Psychologie, haben sich zahlreiche Gelehrte auseinandergesetzt. Unzählbare Definitionen finden sich in der Literatur. Ein Autor des 20. Jahrhunderts beschrieb Persönlichkeit mit folgenden Worten: „Person ist die Basis für Persönlichkeit. Das eine ist man das andere wird man."[3] Diese Definition bringt kurz und präzise folgende Aussage: Eine Person ist man mit der Geburt, eine Persönlichkeit entwickelt man im Laufe des Lebens.

Betrachten wir den Prozess der Persönlichkeitsentwicklung so sprechen wir vom Prozess der menschlichen Entwicklung vom hilfsbedürftigen Säugling zum selbstbestimmenden Erwachsenen, wobei der Eintritt in das Erwachsenenalter nicht das Ende dieses Prozesses bedeutet. Der Prozess der Persönlichkeitsentwicklung ist ein Vorgang des lebenslangen Lernens, „denn Persönlichkeitsentwicklung ist eine Reise ohne konkretes Ziel. Es ist mehr

---

[3] Arnold: Person, Charakter, Persönlichkeit. S. 351

ein Weg, den man geht."[4] Prägend für diesen lebenslangen Weg sind die Erfahrungen der Kindheit, denn in der Kindheit werden die Grundlagen für den Persönlichkeitstyp festgelegt. Die Kindheit bildet die Basis für alle Wesenszüge, welche den Prozess der Persönlichkeitsentwicklung beeinflussen und die Persönlichkeit ein Leben lang prägen.

Wird die Gesamtheit der Persönlichkeitsmerkmale einer Persönlichkeit betrachtet und mit anderen Persönlichkeiten verglichen, fallen wiederkehrende Merkmale auf, welche Grundlage für Typisierungen bilden. Schon Hippokrates, Arzt der Antike, beschäftigte sich mit Typisierungen der Persönlichkeiten. Viele Typisierungsmodelle beschäftigen sich mit beobachtbaren Merkmalen der Persönlichkeit, wie Eigenschaften und Verhaltensweisen. Dietmar Friedmann (geb. 1937, Psychotherapie-Forscher, -Entwickler und -Ausbilder), beschreibt eine Typisierung, welche sich von anderen vom Betrachtungswinkel her unterscheidet. Er klassifiziert Persönlichkeitstypen anhand ihrer Funktionsweise, betrachtet sie also von innen heraus und prozessorientiert. Friedmann unterscheidet den Sachtypen vom Beziehungstypen und vom Handlungstypen. Der Grundgedanke dieser Typologie basiert auf der Erkenntnis, dass das Denken, das Fühlen oder das Handeln alle Handlungen des Menschen leitet und führt, wobei bei jedem Menschen in der Kindheit eine dieser Grundkompetenzen als Spezialisierungsrichtung aufgrund der Lebensumstände bestimmt wird. (Vgl.[5])

Welchen Erkenntnisgewinn bringt das Beschäftigen mit Persönlichkeitstypen? Das Wissen um Persönlichkeitstypen bietet die Chance Entwicklungsprozesse zielgerichtet zu erkennen und ggf. zu beeinflussen. Es unterstreicht die volkstümliche Aussage: Das ist typisch. Eine Person denkt zuerst, eine handelt sofort, die andere Person überlegt, wer handeln könnte. Wichtig ist die Erkenntnis, dass Hilfen nicht nur aufgrund eigener Erfahrungen angeboten werden sollten, sondern dass „typbezogen" geholfen

---

[4] www.zeitzuleben.de/11022-persoenlichkeitsentwicklung/10.01.2012
[5] Friedmann, D.: Die drei Persönlichkeitstypen und ihre Lebensstrategien S. 13 f

oder therapiert werden sollte. Auch das Reagieren auf Lebensbelastungen wie Gesundheitssorgen ist typisch, also typbezogen. So wie die Eltern und alle anderen Bezugspersonen Aktionen und Reaktionen vorleben und fördern und wie Erbanlagen es vorprogrammieren, werden Kinder ein Leben lang geprägt handeln. „Dass Bewusstsein der Öffentlichkeit indessen ist noch weit von der Erkenntnis entfernt, dass das, was dem Kind in den ersten Lebensjahren angetan wird, unweigerlich auf die ganze Gesellschaft zurückschlägt."(vgl.[6]) Die Kindheit ist die Chance für eine gesunde Entwicklung an Leib, Seele und Geist! „Belastungen, die in der Kindheit und Jugend auftreten, können sich auch noch Jahrzehnte später in manifesten Erkrankungen niederschlagen." [7]

Resümierend zu diesen Aussagen bleibt die Feststellung, dass Gesundheitserziehung und somit erfolgversprechende Prävention in der Kinderstube beginnen muss, wenn ein Interesse besteht, die bestehende hohe Krankheitsrate langfristig zu verringern. Die frühkindliche Gesundheitsbeeinflussung ist keine neue Entdeckung. Schon im 17. Jahrhundert wurden diese Erkenntnisse festgeschrieben. John Locke, ein Arzt und Philosoph, tätig in der Epoche der Aufklärung, stellte in seinem Buch „Gedanken zur Erziehung" den Wert der gesundheitsbewussten Erziehung dar. Nach Locke können Persönlichkeit und Charakter stark durch Erziehung bei der Ausbildung zum Persönlichkeitstypen beeinflusst werden. Lockes Empfehlungen zur Gesundheitsprävention basieren auf natürlichem Stoffwechselverhalten, medikationsfreier natürlicher Ernährung und zeitgerechter Entspannung. (vgl.[8]) Empfehlungen, die auch heute aktuell und die Grundlage für vielfältige Gesundheitsbestrebungen sind.

---

[6] Miller, Alice: Am Anfang war es Erziehung S. 9
[7] Hurrelmann, Klotz, Haisch: Prävention und Gesundheitsförderung S. 59
[8] Locke: Gedanken zur Erziehung S. 33

Hat der Persönlichkeitstyp nun Einfluss auf die Gesundheit? Dies wird in der Literatur verschieden diskutiert und noch weiter erforscht. Unbestritten sind aus wissenschaftlicher Sicht die Annahmen, dass Persönlichkeitsmerkmale mit Aspekten der Gesundheit zusammenhängen. Verschiedene Typisierungen bezogen auf Krankheit wurden und werden vorgenommen. Es wird das Wesen einer „Koronarpersönlichkeit" untersucht, ebenso das Wesen einer „Krebspersönlichkeit." (vgl.[9]) Die Beschäftigung mit Persönlichkeit und Gesundheit stand bisher wenig im Fokus der Forschung, vordergründig wurde Persönlichkeit und Krankheit betrachtet. (vgl.[10]) Fest steht und wird in der Gesundheitsforschung recht einstimmig beschrieben, dass nicht der Typ allein verantwortlich für die Gesundheit ist, sondern dass das Gesamtpaket aus Persönlichkeitsmerkmalen, privater Lebensform, Arbeitsbedingungen und Gesellschaft Einfluss auf Gesundheit und Krankheit hat. (vgl.[11]) Eine Vorhersage für eine Krankheitsbereitschaft einer Persönlichkeit ist aufgrund der Menge der Einflüsse nicht möglich. Die Forschungen zu Typenmodellen und Krankheiten sind noch nicht abgeschlossen und Einflussfaktoren wie die psychische Widerstandsfähigkeit des Individuums und deren Einfluss auf Lebensbelastungen noch nicht ausreichend betrachtet. (vgl.[12])

3. Gesundheitsbewusste Persönlichkeitsentwicklung = Chance zur erfolgreichen Prävention? Schlussgedanken

Die Entwicklung und „Ausbildung" gesundheitsbewusster Persönlichkeiten bietet eine Chance zur Gesundheitsvorsorge. Auf die Persönlichkeitsentwicklung kann Einfluss durch die Bezugspersonen genommen werden. Da die Eltern erste Bezugspersonen sind, ist es essentiell notwendig, die Elternkompetenz zu stärken, um die gesunde Entwicklung der Kinder zu gewähr-

---

[9] Hurrelmann, Klotz, Haisch: Prävention und Gesundheitsförderung 183ff, 198 ff
[10] Steinbach: Gesundheitsförderung S. 38
[11] Steinbach: Gesundheitsförderung S. 37
[12] Knoll: Einführung Gesundheitspsychologie S. 127

leisten. (vgl[13]) Um gesund zu leben, ist gesundheitsbewusste Begleitung und Persönlichkeitsentwicklung in der Kindheit die Basis aller Prävention und vernunftgeleitete Erziehung der Schlüssel zur starken Persönlichkeit. Der Volksmund sagt: Was Hänschen nicht lernt, lernt Hans nimmermehr. Ein Lernprozess ist bekanntermaßen natürlich im Erwachsenenalter ebenso noch möglich, wird jedoch in der Intensität dem der Kindheit nicht mehr gerecht. Erfolge sind mühsamer zu erringen.

„Eine jahrelange Über- und Fehlernährung wird... als eine der wichtigsten Alterungsgründe betrachtet. Bekannt ist, dass zahlreiche typische Alters-krankheiten ernährungsbedingt sind." [14] Der Begriff „typisch" wurde in dieser Arbeit im Zusammenhang mit der Darstellung der Persönlichkeitstypen betrachtet. Eine weitere Betrachtungsweise lenkt den Blick auf das Feld der Zivilisationskrankheiten. Typische Alterskrankheiten sind Herz-kreislauferkrankungen und Krebserkrankungen, sie zählen zu den Zivilisationskrankheiten. Krankheiten also, die in der zivilisierten Bevölkerung verbreitet sind. Sie führen, wie eingangs erwähnt, die Todesstatistik an. Je ziviler und bequemer das tägliche Leben ist, umso kränker werden die Menschen. Ist die Zivilisation nun die Chance für die menschliche Weiterentwicklung einer Persönlichkeit oder der Eintritt ins Hamsterrad der Abhängigkeiten? Dieser Gedanke bleibt am Ende dieser Arbeit und wird Grund für weitere Forschungen.

Viele Dinge im Leben sind einfach typisch. In den hochzivilisierten west-lichen Industrienationen ist es unter anderem auf dem Gesundheitssektor typisch geworden, die persönliche Gesundheitsverantwortung abzugeben. Eigenverantwortung behalten ist der wichtigste Weg der erfolgreichen Gesundheitsprävention.

---

[13] Hurrelmann, Klotz, Haisch: Prävention und Gesundheitsförderung , S. 65
[14] Axt: Die Kunst, länger zu leben S. 84

Literaturverzeichnis

Arnold, W. (1969): Person, Charakter, Persönlichkeit. Göttingen, Verlag für Psychologie., Dr. C. J. Hogrefe.

Axt, Prof. Dr. Peter; Axt-Gadermann, Dr. Michaela, 2004: Die Kunst, länger zu leben; Goldmann Verlag München

Friedmann, Dietmar; 2010: Die drei Persönlichkeitstypen und ihre Lebensstrategien; Wissenschaftliche Buchgesellschaft Darmstadt

Hurrelmann, Klaus; Klotz, Theodor; Haisch Jochen 2010: Prävention und Gesundheitsförderung, Verlag Hans Huber, Hogrefe AG Berlin

Knoll, Nina; Scholz, Urte; Rieckmann; Nina 2011: Einführung Gesundheitspsychologie; Ernst Reinhardt Verlag München

Locke, John; 1970: Gedanken zur Erziehung
Reclam Universal Bibliothek Nr. 6147, Stuttgart

Miller, Alice; 1983: Am Anfang war Erziehung; Suhrkamp Verlag Frankfurt

Nefiodow, L. A. (1997): Der sechste Kontratieff. 2. Auflage, Rhein-Sieg Verlag, Sankt Augustin

Steinbach, Herlinde; 2011: Gesundheitsförderung, Facultas Universitätsverlag Wien

www.zeitzuleben.de/11022-persoenlichkeitsentwicklung/10.01.2012 19.20 Uhr MEZ